Colección LECTURAS DE ESPAÑOL

Lecturas de Español son historias interesantes, breves y llenas de información sobre la lengua y la cultura de España e Hispanoamérica. Con ellas puedes divertirte y al mismo tiempo aumentar tus conocimientos. Existen seis niveles de lecturas (elemental I y II, intermedio I y II y superior I y II), así que te resultará fácil seleccionar una historia adecuada para ti.

En *Lecturas de Español* encontrarás:
  – temas e historias variadas y originales,
  – notas de cultura y vocabulario,
  – ejercicios interesantes sobre la gramática y las notas de cada lectura,
  – la posibilidad de compartir tu lectura con otros estudiantes.

NIVEL INTERMEDIO - I

Volver

Coordinadores de la colección:
Abel A. Murcia Soriano (Instituto Cervantes. Cracovia)
José Luis Ocasar Ariza (Universidad Complutense de Madrid)

Autora del texto:
Raquel Horche Lahera

Explotación didáctica:
Raquel Horche Lahera
Abel A. Murcia Soriano
José Luis Ocasar Ariza

Maquetación:
Ana M.ª Gil Gómez

Ilustración:
Carlos Yllana

Diseño de cubierta:
David Prieto

Diseño de la colección:
Antonio Arias Manjarín

Locuciones y grabación: Estudio Luz del Sur

ISBN Lectura: 978-84-9848-125-9
ISBN Lectura con CD: 978-84-9848-140-2
Depósito Legal: M-24772-2015

Editorial Edinumen
José Celestino Mutis, 4 - 28028 Madrid (España)
Teléfono: 91 308 51 42 / Fax: 91 319 93 09
E-mail: edinumen@edinumen.es

Imprime: Gráficas Glodami. Coslada (Madrid)

Volver

Raquel Horche Lahera

ANTES DE EMPEZAR A LEER

1. El título del libro que tienes en tus manos es *Volver*. ¿A qué se te asocia la idea de volver? Anota algunas de las posibilidades:

   a) ....

   b) ....

   c) ....

   d) ....

   e) ....

   Este título es compartido por una película de un conocido director de cine español y por un famosísimo tango. ¿De qué director de cine se trata? ¿Qué cantante hizo famoso ese tango?

   Director de cine español: ....

   Cantante de tango: ....

   Aunque no tienes muchos datos para adivinar el porqué de este título, mira la cubierta e intenta imaginar por qué se ha titulado de esta forma este relato. Anota tu hipótesis y comprueba después si coincide con la historia.

   ....

   ....

   ....

   ....

2. Algunos de los siguientes verbos son sinónimos del verbo "volver". Señálalos. Busca en el diccionario los que no conoces.

   a) Ir   c) Regresar   e) Llegar
   b) Tornar   d) Venir   f) Retornar

   a) ....

   ....

   b) ....

   ....

c) ....
....

d) ....
....

e) ....
....

f) ....
....

3. La historia se desarrolla en Argentina. Contesta a las siguientes preguntas y comprueba qué conoces de este país.

1. ¿Qué colores tiene la bandera de Argentina?
   - ☐ a) Rojo, blanco y rojo
   - ☐ b) Amarillo, azul y rojo
   - ☐ c) Azul celeste, blanco y azul celeste

2. ¿Cuál es la bebida más famosa de Argentina?
   - ☐ a) Mate
   - ☐ b) Tequila
   - ☐ c) Pisco

3. ¿Cuál es el baile más popular en Argentina?
   - ☐ a) Merengue
   - ☐ b) Salsa
   - ☐ c) Tango

4. ¿Quién es el actual (2009) presidente de Argentina?
   - ☐ a) Lula da Silva
   - ☐ b) Cristina Fernández de Kirchner
   - ☐ c) Hugo Chávez

5. ¿Quién de estos personajes es argentino?
   - ☐ a) Evita
   - ☐ b) Gandhi
   - ☐ c) Martín L. King

6. ¿Quién es el más famoso cantante argentino?
   - ☐ a) Antonio Machín
   - ☐ b) Carlos Gardel
   - ☐ c) Louis Amstrong

7. ¿Cuál de estos futbolistas es argentino?
   - ☐ a) Pelé
   - ☐ b) Hugo Sánchez
   - ☐ c) Maradona

8. ¿En qué parte del continente americano se encuentra Argentina?
   - ☐ a) En el norte
   - ☐ b) En el centro
   - ☐ c) En el sur

9. ¿Cuál es la capital de Argentina?
   - ☐ a) Buenos Aires
   - ☐ b) Bogotá
   - ☐ c) Montevideo

10. ¿Cuál es el río que pasa por la capital de Argentina?
    - ☐ a) Río de la Plata
    - ☐ b) Orinoco
    - ☐ c) Amazonas

11. ¿Qué cordillera montañosa recorre Argentina de norte a sur?
    - ☐ a) Apalaches
    - ☐ b) Andes
    - ☐ c) Rocosas

12. ¿Quién era conocido como *El Che*?
    - ☐ a) Juan Domingo Perón
    - ☐ b) Ernesto Guevara
    - ☐ c) Carlos Menem

13. ¿Cuáles son las principales cataratas de Argentina?
    - ☐ a) Del Ángel
    - ☐ b) De Iguazú
    - ☐ c) Del Niágara

14. ¿Cómo se llama el traje tradicional típico de Argentina?
    - ☐ a) Gaucho
    - ☐ b) Charro
    - ☐ c) Torero

15. ¿Qué símbolo aparece en la bandera de Argentina?
    - ☐ a) Una estrella
    - ☐ b) Un sol
    - ☐ c) Un águila

16. Aquí tienes un mapa de la parte sur del continente americano. Sitúa los nombres de los diferentes países.

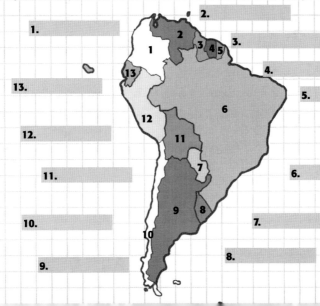

1.

2.

3.

4.

5.

6.

7.

8.

9.

10.

11.

12.

13.

4. Como sabes, la capital de Argentina es Buenos Aires. ¿Qué sabes de esa maravillosa ciudad? Relaciona cada fotografía con su nombre.

a) La Bombonera **d)** La Boca **g)** Conventillos de San Telmo

b) El Obelisco **e)** La Casa Rosada **h)** Monumento a los Desaparecidos

c) El Café Tortoni **f)** La Plaza de Mayo **i)** La calle Corrrientes

5. Antes de empezar a leer, toma nota de todos los tópicos que conoces sobre los argentinos –si conoces alguno– y comprueba más tarde si aparece alguno de ellos en el texto.

a) ....

b) ....

c) ....

d) ....

Barajas: aeropuerto de Madrid.

urna *(aquí)*: caja que sirve para guardar las cenizas de los muertos.

aliviar: calmar, tranquilizar.

vos no te preocupes: en Argentina, entre otros lugares de América Latina, usan para la segunda persona del singular (tú), la forma *vos*. En el imperativo negativo coexisten las formas verbales voseantes (*vos no te preocupés*) y las formas verbales tuteantes (*vos no te preocupes*).

creeme: el imperativo afirmativo se forma de diferente manera para la forma tú y vos. El verbo creer se forma: *cree* (tú), *creé* (vos). En este caso *créeme* (tú), *creeme* (vos).

Capítulo 1

Eran las doce y media de la noche y estaba en la Terminal 4 de **Barajas** delante de la puerta de embarque del vuelo IB6843 que me iba a llevar a Buenos Aires. Lo único que me diferenciaba del resto de los pasajeros era mi equipaje de mano: una **urna** con las cenizas de mi abuela. La urna estaba dentro de una mochila negra que yo abrazaba con fuerza. Mi abuela era toda la familia que tenía. Mis padres murieron en un accidente de tráfico cuando yo era muy pequeña y no tenía tíos ni primos ni ninguna otra familia. Estaba sola en el mundo con unas cenizas que pronto tendría que abandonar.

Hacía tres meses de la muerte de mi abuela y todavía seguía pensando en ella. Estaba muy enferma y los médicos no podían hacer nada, solo **aliviar** su dolor con medicamentos. Un día me llamó, me miró fijamente y me dijo: "Sé que voy a morir. **Vos no te preocupes**, no tengo miedo. **Creeme**, de verdad, no tengo miedo. Hay una carta en el primer cajón de mi mesita de noche. Leela luego de mi muerte". Unos meses después, mi abuela murió y encontré dos cartas: una para mí y otra para Marcelo Pierini. Leí la que iba dirigida a mí:

Madrid, 30 de noviembre de 2007

Querida Alejandra:

Sé que estás triste y sola, muy sola. La vida fue difícil para vos, para mí también. Seguro que todo va a ser mejor en el futuro, confiá, nenita, confiá. Todo lo que hice toda mi vida fue por vos, para salvarte, para cuidarte. Ahora te voy a pedir algo a vos. Tenés que viajar a Buenos Aires, allá ponete en contacto con Marcelo Pierini. Él va a saber quién sos, yo no hablo de seguido con él, pero estoy segura de que vive en la misma casa de siempre. Buscalo. A él le vas a dar la carta que encontraste con su nombre y con él vas a ir a la tumba de tus padres para poner unas flores en mi nombre y soltar mis cenizas en mi querido Río de la Plata.

Nenita, esa ciudad es desconocida para vos, pero yo sé que la vas a amar tanto como yo. Encontrate con tu pasado. Yo voy a estar con vos.

Te quiero más que a nada.

Norma

*P. D. ¡Qué **boluda**! Recién cerré el sobre recordé que no escribí la dirección de Marcelo. Perdoná a la desmemoriada de tu abuelita.*

Dirección de Marcelo: calle Chivicoy número 266. Lomas de Zamora. Buenos Aires. Argentina

boluda: estúpida, tonta, imbécil.

Al terminar de leer la carta sonreí, solo mi abuela podía escribir una carta tan sentimental y terminar con una frase graciosa. Tenía que ir a Buenos Aires, no podía hacer otra cosa. Por ese motivo, le pedí un mes de vacaciones a mi jefe. Pensaba que, aunque no me apetecía viajar, podía descansar un poco. "No. Lo siento. Imposible. Tenemos mucho trabajo aquí. No puedes irte el mes de febrero entero de vacaciones. Te puedo dar tres días a finales de mes si terminas las nóminas antes". Le expliqué que en tres días no podía hacer un viaje tan largo. "Puedes juntarlos con un fin de semana y así son cinco días. Pero no puedo darte más. Si no estás tú, ¿qué hacemos con las nóminas de febrero?". Solo tenía dos soluciones: dejar el trabajo o tomarme tres días de vacaciones. Me gustaba la primera opción, pero elegí la segunda.

Iba a volar de noche para poder estar en Buenos Aires el mayor tiempo posible. El avión que nos iba a llevar a Argentina era un boeing 747 para 500 personas. Estuve mirando a mis compañeros de vuelo durante mucho tiempo y descubrí varias cosas. La mayoría eran hombres de negocios, aunque no sabía si eran españoles o argentinos, físicamente era muy difícil diferenciarlos. Había algunos grupos de amigos y algunas parejas de novios, pero en general no había muchos turistas, probablemente porque era febrero y estaba terminando el verano en Argentina. Por suerte tampoco había niños, así que el viaje iba a ser largo pero tranquilo.

Mis amigos pensaban que este viaje iba a ser bueno para mí porque iba a conocer la ciudad en la que nací y viví hasta los tres años. Yo no tenía ningún recuerdo de aquella ciudad, solo sabía que mis padres querían abandonarla y marcharse a vivir a España. La situación económica no era muy buena y querían un futuro mejor. Pero finalmente no pudieron cumplir su sueño por el accidente, así que mi abuela, la madre de mi madre, decidió realizar el sueño de mis padres y nos vinimos a vivir a Madrid. Solo iba a Buenos Aires porque mi abuela lo quería. Iba a cumplir sus deseos y a volver después a mi vida cotidiana.

pelotuda: necia, tonta, torpe.

cambalache: desorden, mezcla de cosas u objetos. Título de un famoso tango.

vaivén: balanceo, que va y viene.

Mientras esperaba en el aeropuerto escuchaba los tangos preferidos de mi abuela que llevaba grabados en el MP3. Ella los escuchaba continuamente, todos los días, sin descanso. A veces, los domingos, bailábamos juntas. "Ponete seria, en el tango no se sonríe como una **pelotuda**, es un baile serio, con sentimiento". La abuela se ponía muy recta, con la mirada altiva, distante. Me sorprendía tanta seriedad en un baile, casi tanta como cuando escuchaba el himno argentino y lloraba "¡o juremos con gloria morir!". Me agarraba de la cintura y me pedía que la siguiera, no necesitaba saber los pasos, solo tenía que seguir la música. Nos balanceábamos a ritmo de **cambalache**. "En el tango el hombre tiene que apretar fuerte, bien fuerte, y caminar con su pareja al **vaivén** de lo que le inspira la música. El tango va de la cabeza a los pies, pero pasando por el corazón. Es un baile de sentimiento, no hay que repetir pasos una y otra vez, no es gimnasia."

Cuando era pequeña oíamos tangos en un viejo tocadiscos, con ese sonido de fondo tan característico. A mí me gustaba contemplar el avance de la aguja sobre el disco y darle la vuelta cuando llegaba a su fin. Cuando fui adolescente le grabé todos esos discos en cintas de casete para que pudiera oír sus canciones favoritas en el radiocasete de la cocina. Con mi primer sueldo le regalé un reproductor de CD, pero eso ya no le gustó. Ella seguía prefiriendo los viejos discos de vinilo.

"Volver con la frente marchita
las nieves del tiempo
platearon mi sien.
Sentir que es un soplo la vida
que veinte años no es nada
que febril la mirada

errante en la sombra
te busca y te nombra.
Vivir con el alma aferrada
a un dulce recuerdo
que llora otra vez".

Capítulo 2

A las once de la mañana ya estaba en mi habitación del hotel Colón. Tenía un dolor de cabeza insoportable por las once horas de vuelo y el cambio horario, aunque según el recepcionista del hotel: "es por la presión atmosférica, nos afecta a todos". Pronto se me olvidó ese malestar inicial, ya que desde mi habitación podía ver una ciudad impresionante, concretamente veía el Obelisco y la Avenida 9 de julio, la calle más ancha del mundo. Era jueves y mi avión de vuelta a España salía el lunes, así que podía disfrutar de esa ciudad durante cuatro días. Lo primero que hice fue llamar a Marcelo Pierini. Desde Madrid lo había localizado y me había puesto en contacto con él. Así que ya sabía que yo llegaba hoy a Buenos Aires y también quería verme.

– ¿Hola?

– Hola, ¿Marcelo Pierini?

– Sí, y vos sos...

– Soy Alejandra, la nieta de...

– ¿En serio? ¿Tan pronto?

– Sí, le dije que llegaría...

– Claro, claro, qué boludo, si hoy es jueves, no sé dónde tengo la cabeza, y ¿dónde estás?

quilombo: dificultades o problemas familiares o comerciales.

calefón: calentador de agua.

plomero: fontanero.

pibe: chico.

flaco: hombre en sentido cariñoso, sin ser delgado.

linda: mujer bonita.

Plaza de Mayo: plaza de Buenos Aires en la que se encuentra la sede del poder ejecutivo. La Plaza de Mayo se considera el lugar fundacional de la ciudad de Buenos Aires.

– En el hotel Colón, llegué…

– Bien, bien, ocurre que yo no puedo verte hoy, tengo un **quilombo** en la casa, el **calefón** no funciona, tiene que venir el **plomero**… ¡Mirá! No te movás de allá. Yo voy a mandar a Martín, mi nieto, un buen **pibe**, algo loco, pero es la edad ¿entendés? Con él podés conocer la ciudad…

– Yo no quiero molestar…

– No, nada que ver, el **flaco** encantado, está de vacaciones, vas a ver, vos preparate que él va a ir a buscarte. Y, **linda**, ¿qué hotel decís que es?

Después de tantas horas en el avión necesitaba lavarme un poco, así que me duché y me puse ropa limpia. Martín vino a buscarme con su auto y fuimos a la **Plaza de Mayo**. Me sorprendió su edad, era más joven que yo pero parecía más maduro, aunque su abuelo no opinaba lo mismo. Era alto y delgado, y tenía unos ojos negros muy bonitos. Era un chico muy alegre y muy hablador, me hacía muchas preguntas pero no me dejaba terminar mis respuestas. La verdad es que era muy divertido y pasé muy buenos ratos con él.

– ¡Mirá! Esa es la Casa Rosada. Allá está el presidente, ahora la presidenta. Parece que estos hacen cosas. La gente está contenta al menos.

– Ya, no sé mucho de política…

– Fue presidente su esposo Néstor Kirchner y ahora es presidenta ella, Cristina Fernández.

– Sí, parece entonces que la gente está contenta.

– ¡Las doce! ¡Mirá! Son las madres, van a empezar la ronda.

Martín vino a buscarme con su auto y fuimos a la Plaza de Mayo.

– ¿Qué es eso?

– ¿La ronda?

– Sí.

– ¿No conocés la ronda de los jueves de madres?

– No, la verdad…

– Todos los jueves desde 1977 se reúnen acá y dan vueltas en la plaza alrededor de "la pirámide" reclamando por sus hijos.

Martín empezó a saludar a todo el mundo, a veces me presentaba como Alejandra, una amiga, y otras veces me ignoraba. Durante una hora dimos vueltas en torno a La Pirámide de la Plaza de Mayo y así es como me enteré de la historia de Martín. Su madre estaba embarazada de seis meses cuando los **milicos** se la llevaron. Destrozaron la casa buscando a su padre y como no estaba se la llevaron a ella. Unos días después lo encontraron y también se lo llevaron. Nunca más se volvió a saber de ellos. Bueno, ni de ellos ni de otros treinta mil desaparecidos. A todos estos hombres, mujeres y niños que fueron detenidos, los encarcelaron, los torturaron, los mataron y finalmente hicieron desaparecer sus cuerpos. Muy pocos sobrevivieron a esto, uno de los supervivientes fue Martín. Nada más nacer, los milicos lo entregaron en adopción, así que él no supo nada de su verdadera familia hasta que cumplió veinte años y su abuelo Marcelo y la Asociación Abuelas de la Plaza de Mayo lo localizaron y le devolvieron a su verdadera familia. Martín no quiso contarme lo que pasó con su otra familia y yo no dije nada más.

Las madres seguían dando vueltas a La Pirámide, esa era su forma de recordar, de no olvidar que sus hi-

> **milicos:** miembros de las Fuerzas Armadas.

jos son detenidos desaparecidos y de seguir reclamando su devolución. Al principio las llamaban las locas, todas ellas con un pañuelo blanco en la cabeza y dando vueltas alrededor de la plaza reclamando a sus hijos. Muchos años después ellas se siguen denominando locas y siguen exigiendo lo mismo. Sabía algo de la historia de Argentina, pero no tenía ni idea de lo horrible que fue todo. Empezaba a entender algunas cosas de mi pasado. La situación política no era buena y seguramente mis padres tuvieron amigos desaparecidos y por eso querían huir de Argentina. Los padres de Martín vivían enfrente de los míos, así que seguramente eran amigos. Si ellos desaparecieron, también podían haber desaparecido los míos. Por eso mi abuela se marchó a España y no volvió nunca más. Lo que más amaba después de su familia era su país, y sin embargo, nunca pudo volver. Pobre abuela, cuánto miedo pasó.

A la tarde, Martín me llevó al Café Tortoni, un sitio típico argentino, muy famoso por las reuniones de intelectuales y por las actuaciones de tango. Nosotros no pudimos ver el espectáculo porque no había sitio, pero sí pudimos tomar un café en una de las mesas cercanas a la puerta. Estábamos merendando un café con leche con algunas **facturas** y **medialunas**, cuando Martín volvió a contarme más de su vida.

facturas: bollo dulce de harina. Normalmente se come en el desayuno o en la merienda.

medialunas: pequeño cruasán.

la cagada: acción que resulta de una torpeza.

laburo: trabajo.

rebién *(aquí)*: muy bien. El prefijo re- con adjetivos o adverbios sirve para intensificar. Uso muy extendido en Argentina.

– **La cagada** fue cuando dejé la abogacía, no sé, no tenía ganas de seguir con los estudios. Anduve medio perdido un tiempo, saltaba de **laburo** en laburo, no me gustaba nada, fue terrible. Al final lo conocí a Marcelo, entendí muchas cosas... y bueno, terminé abogacía, y me fue **rebién**. Hay un montón de laburo en los tribunales, recién

ahora se empezó a juzgar a los torturadores de
los años de dictadura. Estuvimos muchos años
sin poder hacer nada.

– ¿Por qué?

– Por las leyes, teníamos leyes que impedían juz-
garlos.

– Ya –no me sorprendía mucho, pasaba en muchos
países.

Esa noche, cuando estaba tumbada en la cama y la
luz estaba ya apagada, pensé sobre todo lo que había
vivido y aprendido. Buenos Aires me parecía una ciudad preciosa, muy parecida a Madrid y a París, con
muchos restaurantes y cafeterías donde poder tomar
algo y hablar con la gente. En toda la zona que visitamos no había altos rascacielos y edificios inteligentes
con su fría arquitectura. Esos estaban en la zona de
microcentro, detrás de mi hotel, a una **cuadra** del
Obelisco. Pero todo el barrio de la Avenida de Mayo
parecía un lugar precioso para vivir y pasear.

Martín me dijo que iba a ser mi guía personal durante los cuatro días, así que iba a estar muy acompa-
ñada en Buenos Aires. Pero no solo Martín estaba con-
migo, también me acompañaban mis padres y mi
abuela. Me sentía más cerca de ellos, de su pasado,
de un país que hasta ahora era de ellos pero no mío y
que ahora empezaba a pertenecerme.

microcentro: zona
de Buenos Aires ca-
racterizada por la con-
centración de bancos,
oficinas, empresas y
comercios.

cuadra: espacio de
la ciudad destina-
do generalmente a
la edificación y deli-
mitado por calles en
sus cuatro lados.

Capítulo 3

Martín fue a buscarme al hotel a las once de la mañana. No me esperó en recepción, sino que subió directamente a mi habitación. Se sentó en la cama mientras yo terminaba de guardar unas cosas en la mochila.

che: palabra utilizada para llamar a una persona. También expresa sorpresa.

– ¡**Che**, gallega!

– Yo no soy gallega, soy de Madrid.

– Acá todos los españoles son gallegos.

– Bueno, pero yo nací en Argentina.

– Llevás toda la vida en España y hablás como gallega. Che, ¿no llevás saco?

– ¿El qué?

– ¡Ah! ¿Cómo dicen ustedes? ¿Chaqueta?

remera: camiseta.

colectivo: autobús.

La Boca: barrio de Buenos Aires, donde se encuentra la desembocadura del Riachuelo en el Río de la Plata, caracterizado por sus casas de distintos colores.

– No, no llevo saco, no hace frío.

– Mejor llevate una, va a hacer un poco de frío esta noche, no podés ir solo con **remera**.

– Pero, ¡si estamos a 20º!

– ¡Dale! Te digo que esta noche va a hacer frío.

Tomamos el **colectivo** de la línea 29 que nos llevaba hasta **La Boca**, un barrio muy turístico que estaba lleno de gente y de casetas vendiendo recuerdos de Buenos Aires. Las casas de colores de La Boca son muy famosas, casi tanto como "Caminito", que da nombre a un tango muy popular.

> *"Desde que se fue triste vivo yo,*
> *caminito amigo, yo también me voy.*
> *Desde que se fue nunca más volvió,*
> *seguiré sus pasos, caminito, adiós."*

Vimos a una pareja rodeada de gente y nos acercamos. Estaban bailando tango. Martín me explicó que el origen del tango se remonta a 1880 y a esos inmigrantes de diferentes países que fusionaron culturas y costumbres. Pero el tango no es solo un tipo de baile o de música, es una cultura que floreció en torno al barrio, al **arrabal porteño**.

– En el arrabal podías encontrar a jugadores, prostitutas, **malevos**... todos ellos en sus comunidades cerradas, con sus propias normas y su propio lenguaje, el lunfardo. Te voy a recitar algo:

> *"Bulín bastante mistongo*
> *aunque de aspecto sencillo,*
> *de un modesto **conventillo***
> *en el barrio del Mondongo."*

– No entiendo nada.

– Un *bulín* es un prostíbulo, un *conventillo* es una casa con pequeñas habitaciones de alquiler donde vivía mucha gente y *mistongo* es que da poca plata. El barrio del Mondongo es el de Montserrat, donde está la Casa Rosada.

arrabal: barrio de las afueras de la ciudad.

porteño: relativo o perteneciente a Buenos Aires Capital Federal.

malevos: persona de malos antecedentes.

conventillo: casa con muchos habitantes que pagan un alquiler por la habitación.

– Así que los versos dicen que es un prostíbulo que gana poco dinero pero que es sencillo y que está en una casa de alquiler en el barrio de Montserrat.

– Muy bien, pero creo que es mejor que no lo volvás a traducir, ¿te parece?

– Sí, tienes razón, es mucho mejor en lunfardo.

La pareja terminó de bailar y algunas personas se fueron, así que cuando empezó el siguiente tango, yo podía verlos perfectamente. El hombre agarraba fuertemente a la mujer y se miraban directamente a los ojos. Como decía mi abuela, ellos no sonreían. El hombre imponía los movimientos a la mujer, que movía rápidamente los pies y hacía preciosas figuras.

– En el tango el hombre es el que manda, parece que tiene todo el control y que domina a la mujer. Pero si escuchás la letra, vas a ver que es totalmente distinto. El protagonista de los tangos siempre es un hombre sometido a la mujer, que le hace sufrir siempre. La mujer es cruel, **pérfida**, pecadora... solo hay dos santas, la madre y la hermana.

pérfida: traidora, infiel, desleal.

"Y pensar que hace diez años, fue mi locura,
que llegué hasta la traición por su hermosura
que esto que hoy es un cascajo fue la dulce metedura
[donde yo perdí el honor;
que chiflado por su belleza le quité el pan a la vieja
[me hice ruin y pecador,
que quedé sin un amigo, que viví de mala fe,
que me tuvo de rodillas, sin moral, hecho un mendigo
[cuando se fue".

Martín me susurró al oído "vení, voy a mostrarte el puerto" y agarrándome de la mano me separó del espectáculo. Mientras paseábamos por el antiguo puerto, comenzamos a hablar de los inmigrantes que llegaban a Buenos Aires a principios del siglo XX y le pregunté por sus orígenes. De su familia no pudo contarme muchas cosas, a sus padres no los conoció y de su familia adoptiva no quería hablar. Le pregunté entonces por su abuelo y pudo contarme algunas cosas más. Marcelo nació en Nápoles, en 1933 emigró por motivos políticos y llegó a Argentina con su hermana. Ambos trabajaban en una panadería. Su hermana se casó años después y tuvo dos hijos. Marcelo no se casó pero mantuvo una relación con una mujer casada y tuvieron una niña, la madre de Martín. Como no estaban casados, fue el marido de ella el que educó a la niña, así que Marcelo nunca fue realmente el padre. Aquella hija se casó y tuvo a Martín. Años después, cuando Martín ya no tenía a su verdadera familia, sino solo a la adoptiva, fue Marcelo quien lo buscó y lo recuperó. Martín hablaba sin parar de todos los temas posibles, pero al hablar de su familia le faltaban las palabras.

Estando en La Boca yo podía imaginarme aquellos barcos llenos de gente de países diferentes, hablando lenguas distintas, con costumbres y culturas diversas, que sin embargo tenían un objetivo común: empezar una nueva vida en un nuevo país. La ilusión, la esperanza y el futuro unían a un montón de personas en el pequeño puerto de La Boca. Muchos lograron su objetivo, otros no, pero su esfuerzo estaba escrito en las paredes de aquellas casas de colores. Cada turista que contemplaba esas casas, se introducía de lleno en la vida de miles de inmigrantes dispuestos a enfrentarse a la vida para ganar.

– Acá realmente la gente venía a cumplir un sueño, a encontrar un mundo mejor. Esta tierra dio la oportunidad a los europeos de empezar de nuevo, les daba laburo, casa, posibilidades de evolucionar. Este país era rico y salvó a los europeos. Luego de cincuenta años sus hijos no tienen nada, **se cagan de hambre** y cuando quieren volver a Europa, les cierran las puertas. Europa no nos quiere ayudar, ni siquiera a los descendientes. Yo soy nieto de italianos, ¿vos pensás que yo puedo ir allá como si tal cosa? Nada que ver, no nos quieren ver allá. No lo puedo entender, **me da mucha bronca**.

– Bueno, a mí sí me aceptaron.

– Con vos es distinto, llegaste de **chica**, qué sé yo. ¡Mirá! Tengo muchos amigos que emigraron cuando la crisis económica y el sentimiento que ellos tenían en España era muy diferente. No sabían por qué, pero querían volver. Había algo que extrañaban y no sabían qué, pero sentían que tenían que volver. Sentían que no encajaban en el nuevo país, que no eran aceptados, que se esperaba de ellos algo que no sabían concretar. En Buenos Aires sienten que están en casa, que la ciudad es de ellos, que les pertenece, que pueden hacer cualquier cosa. Se sienten seguros, protegidos. Buenos Aires te da eso, acá no hay nada que demostrar.

Martín quiso enseñarme la Bombonera, que es la **cancha** en la que juega Boca Juniors. A mí no me gus-

e cagan de hambre: e mueren de hambre.

me da mucha bronca: me enfada mucho.

chica: pequeña.

cancha: campo de juego.

hincha: seguidor de un equipo deportivo.

Maradona: Diego Armando Maradona es un ex futbolista argentino.

ta el futbol, pero Martín es un **hincha** de River Plate, así que tuve que escucharle hablar durante un buen rato. Me hablaba de **Maradona** y de algo llamado "la mano de Dios". Yo no entendía nada y finalmente Martín me preguntó:

– ¿No conocés nada de Maradona?
– Sí, hombre, cómo no...
– Pero, ¿no sabés qué es la mano de Dios?
– No sé a que te refieres.
– ¿No recordás el partido Argentina-Inglaterra de los mundiales de México en 1986?
– ......

estás de joda: estás bromeando.

– **Estás de joda**... ¿no lo conocés?
– No, de verdad. A mí el futbol no...
– No te puedo creer.
– Bueno, me lo puedes contar si quieres.
– No, yo no, pero esta noche te lo va a contar el Negro, es un fanático de Boca.
– ¿El Negro?

bárbaro: excelente, extraordinario.

– Sí, un amigo. Esta noche vamos a cenar a su casa, se reúnen los chicos allá. Te van a caer **bárbaro** los pibes.

Estuvimos paseando por San Telmo, viendo algunos conventillos con sus patios y sus flores por todas partes. Había muchos restaurantes italianos y muchas tiendas de antigüedades. Según me dijo Martín aquella era una buena zona para ver tangos y **milongas**.

milonga: baile argentino.

Llegamos a casa de El Negro a las seis y ya había mucha gente allí. Martín me presentó a sus amigos, a las mujeres y a los niños pequeños que estaban jugan-

cebar: echar agua caliente sobre la yerba mate.

fut: forma coloquial para futbol.

futbol: la voz inglesa *football* se ha adaptado al español con dos acentuaciones, ambas válidas, fútbol o futbol. Futbol se utiliza en algunos países de América Latina.

Malvinas: las islas Malvinas constituyen un archipiélago situado en el Océano Atlántico Sur. En 1833 Reino Unido tomó el control de las islas (Falkland Islands). La República Argentina no aceptó nunca la administración británica. En 1982 comenzó la Guerra de las Malvinas con la ocupación de las islas por parte de las Fuerzas Armadas argentinas. Argentina se encontró en una guerra con una gran potencia que finalizó dos meses después con una gran derrota para los argentinos.

do y corriendo por la casa. El Negro estaba **cebando** mate y me lo dieron a probar. Estaba muy amargo y no me gustó mucho, pero aquello era como un ritual y bebí mate tantas veces como me lo ofrecieron.

– ¡Eh, Negro! ¿Sabés qué? La gallega no sabe de **fut**, contale el gol del siglo para que anote.

– Dejate de joder, eso lo tiene que conocer.

– ¡No! Te juro. No sabe nada.

– No, de verdad, no me gusta el **futbol**. Pero yo quería saber lo de la mano de Dios –dije yo.

– Pará, pará, ¿en serio?

– No le des bronca, contalo y ya.

– No lo puedo creer, estos gallegos…

– ¡Dale!

– En 1986 se jugaba en México el mundial y la selección argentina disputaba cuartos contra Inglaterra. Era la primera vez que se enfrentaban luego de lo de **Malvinas**.

– ¡Malvinas argentinas!

– ¡Cortala, flaco!

– A la mierda, ¿qué no es verdad?

– Qué te pasa, flaco, escuchá el cuento.

– ¡Dale!

– Y… todos decían que lo de Malvinas estaba olvidado, que era solo un partido. Pero para Argentina no era solo un partido, ¿viste?, era la venganza por los chicos muertos. Los ingleses allá los mataron como pajaritos… ¡No! No era solo un partido. El primer gol lo marcó Maradona,

arquero: jugador que defiende el arco (portería) en un equipo de futbol.

gambetear: regatear, pasar de largo a otro jugador.

arco: valla de madera en el futbol.

pateaba: golpeaba con el pie.

empanadas: comida típica. Alimento compuesto por un relleno envuelto en una masa elaborada al modo de la masa del pan. El relleno puede ser de carne picada con cebolla, pollo, jamón y queso o atún, entre otros. Tiene muchas variantes, de acuerdo a las regiones: salteña, tucumana, sanjuanina.

saltó con el **arquero** y metió el puño izquierdo, pero detrás de la cabeza. Los ingleses protestaban pero el árbitro ni se enteró. Al término del partido los periodistas le preguntaron a Diego si fue mano y dijo: "Fue la mano de Dios". Bárbaro, el pibe, el mejor jugador de todos los tiempos.

– ¿Y el otro gol?

– El otro fue el gol del siglo. No lo digo yo, es el nombre que le pusieron. Argentina ganaba uno a cero, luego de varios pases recibió Diego atrás de la mitad de la cancha. Empezó a **gambetear**, uno, dos, tres… se acercaba al **arco** y no **pateaba**, cuatro, encaró al arquero, parecía que iba a patear, el arquero voló corto, se comió el amague y Diego empalmó con la zurda… golazo de Diego.

Cenamos unas **empanadas** de jamón y queso y de carne que me gustaron mucho y después volví al hotel. Le pregunté a Martín que cuándo iba a ver a Marcelo, y así me enteré de que el domingo había una comida familiar y de que yo estaba invitada. Así que el domingo iba a realizar los deseos de mi abuela, por lo que el sábado podía seguir haciendo turismo por Buenos Aires.

PÁRATE UN MOMENTO

1. Señala si son verdaderas o falsas las siguientes oraciones relacionadas con el texto que acabas de leer.

	V	F
a) Alejandra se va a Buenos Aires porque tiene ganas de visitar esa ciudad.		
b) La abuela de Alejandra dejó dos cartas en un cajón antes de morir.		
c) Alejandra tiene quince días de vacaciones.		
d) Alejandra detesta los tangos.		
e) El primer día en Buenos Aires, Alejandra conoce a Marcelo.		
f) Las madres de la Plaza de Mayo van con un pañuelo blanco en sus cabezas.		
g) Tortoni es un parque nacional muy famoso.		
h) El barrio de La Boca es muy famoso por sus casas de colores.		
i) Marcelo es italiano.		
j) La Bombonera es el campo de fútbol de River Plate.		
k) El Negro es un fanático de Boca Juniors.		
l) En San Telmo, Alejandra y Martín vieron algunos conventillos.		

2. El tango es un baile de origen argentino, ¿conoces el origen de otros bailes? Relaciona cada baile con su país de origen.

1 Tango   2 Flamenco   3 Cumbia

4 Chachachá   5 Merengue   6 Samba

A. República Dominicana
B. Cuba
C. Brasil
D. Argentina
E. España
F. Colombia

3. La abuela de Alejandra dice que "en el tango el hombre tiene que apretar fuerte, bien fuerte, y caminar con su pareja al vaivén de lo que le inspira la música". A continuación tienes algunas ilustraciones de gente bailando, relaciónalas con el nombre del baile correspondiente.

A. Sevillanas	**C.** Vals	**E.** Salsa
B. Rock and Roll	**D.** Charleston	**F.** Tango

4. Uno de los argentinos más célebres del mundo es Maradona, del cual se dice que fue un futbolista excepcional. ¿Conoces a otros deportistas famosos y la nacionalidad de los mismos?

1. Michael Schumacher	**A.** Gimnasta	**a.** Italiano
2. E. A. do Nascimento, "Pelé"	**B.** Tenista	**b.** Estadounidense
3. Nadia Comaneci	**C.** Futbolista	**c.** Español
4. Miguel Indurain	**D.** Piloto de Fórmula 1	**d.** Estadounidense
5. Muhammad Ali	**E.** Esquiador	**e.** Checa
6. Martina Navratilova	**F.** Boxeador	**f.** Rumana
7. Alberto Tomba	**G.** Atleta	**g.** Alemán
8. Florence Griffith	**H.** Ciclista	**h.** Brasileño

5. En la historia, El Negro nos cuenta cómo Maradona marcó dos de los mejores goles de su vida. Las pelotas y los balones de los distintos deportes son muy diferentes, ¿podrías relacionar cada balón y cada pelota con su imagen correspondiente?

a) Balón de voleibol.

b) Pelota de tenis.

c) Balón de fútbol.

d) Pelota de golf.

e) Balón de baloncesto.

f) Pelota de ping pong.

g) Balón de rugby.

h) Pelota de béisbol.

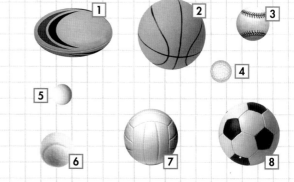

6. En el texto han aparecido algunas palabras que probablemente son nuevas para ti. Relaciona las siguientes palabras con sus sinónimos.

1. Laburo	A. Ladrón
2. Vaivén	B. Calentador
3. Aliviar	C. Camiseta
4. Bárbaro	D. Balanceo
5. Chorro	E. Pequeña
6. Plomero	F. Calmar
7. Chica	G. Trabajo
8. Boluda	H. Excelente
9. Calefón	I. Tonta
10. Remera	J. Fontanero

7. Alejandra ha hecho muchas cosas desde que llegó a Buenos Aires. Escribe una lista con los acontecimientos que recuerdes.

a) ....

b) ....

c) ....

d) ....

e) ....

f) ....

8. ¿Qué crees que le va a pasar a Alejandra en la segunda parte de la historia? Escribe algunas de tus ideas.

a) ....

b) ....

c) ....

9. Algunas de las palabras aparecidas hasta ahora en el texto son propias del español de Argentina, pero es posible que tengan otra forma en otros países de Latinoámerica o en España. A continuación tienes tres columnas, partiendo de la forma usada en el texto y propia de la variante argentina del español, intenta encontrar formas para las otras columnas.

Argentina	Otros países de Latinoamérica	España

10. La abuela de Alejandra se pasa gran parte de su vida fuera de su país de origen. ¿Conoces casos de personas que hayan pasado por una experiencia parecida? ¿Crees que la emigración es un fenómeno sobre el que se puede generalizar? Habla del tema con tus compañeros.

....

....

....

....

....

....

Capítulo 4

Me despertó el sonido del teléfono y contesté sin saber muy bien dónde estaba y qué día era. El recepcionista me informó de que un caballero me esperaba en recepción y quería subir a mi cuarto. Pregunté quién era, por supuesto era Martín.

– Ayer subiste directamente.

– Hoy también, pero golpeé mil veces la puerta y no respondiste.

– Bueno, me ducho y nos vamos.

– Vestite también, hace frío.

– Sí, muy gracioso.

Estuvimos paseando por los bosques de Palermo, donde, según dicen, **Borges** se inspiraba para escribir. Recorrimos sus parques, rosaledas y jardines hasta que finalmente paramos a descansar y a comer un **choripán** frente a uno de los lagos.

– Ayer me sorprendió mucho lo del mate, es como un ritual sagrado.

– ¿En serio?

Borges: Jorge Luis Borges fue un escritor argentino.

choripán: sándwich de chorizo.

yerba: planta nativa que básicamente contiene cafeína y con cuyas hojas secas y machacadas se prepara el mate.

Cortázar: Julio Cortázar fue un intelectual y escritor argentino.

dulce de leche: leche espesada durante horas con mucha cantidad de azúcar hasta que se forma una pasta de color acaramelado.

– Sí, como la pipa de la paz o algo así.

– Lo bonito del mate es que no es solo una bebida, es algo más. No tomamos mate por la sed, lo tomamos por costumbre, por hábito. Es un motivo para conversar si estás con amigos o para pensar si estás solo. Nosotros lo bebemos todo el tiempo, si alguien llega a tu casa es lo primero que preguntás "¿unos mates?". En todas las casas hay algo que nunca falta: la **yerba**.

– Pero es un poco amarga, ¿no?

– Sí, claro, si se toma bien... pero la podés tomar con azúcar, si querés.

– Pero no es igual...

– El mejor mate es fuerte y amargo.

Visitamos el barrio de Palermo e hicimos un recorrido literario, yendo por la calle de Borges hasta llegar a la plaza de **Cortázar**. Allí nos tomamos un café en una de las encantadoras cafeterías de la zona y me comí un milhojas de **dulce de leche** que no me pude terminar porque era enorme. Después volvimos a caminar por la ciudad y llegamos al barrio de Recoleta.

Recoleta es un barrio residencial y uno de los más elegantes de Buenos Aires, allí están las grandes mansiones familiares, las embajadas y los hoteles de lujo. Hay grandes edificios de estilo francés y amplias calles con las tiendas y los restaurantes más caros de la ciudad. Es también un barrio muy cultural, allí está la Biblioteca Nacional, el Museo Nacional de Bellas Artes y el Centro Cultural Recoleta. Hay también otros museos y galerías de arte importantes.

mate: se llama así a la infusión y también al recipiente donde se toma.

bombilla: caña o tubo que se usa para sorber el mate.

mausoleos: edificación que contiene una o más tumbas.

Eva Duarte de Perón: actriz y política argentina, casada con Juan Domingo Perón, presidente argentino entre 1946 y 1955.

Carlos Gardel: cantante y compositor naturalizado argentino, considerado el más importante tanguero.

colectivero: conductor del autobús.

mala onda: malhumorados, antipáticos.

Recoleta tiene también muchos parques y plazas, la más popular es la conocida como la Plaza Francia. Es un bonito parque donde venden artesanía los fines de semana. Estuvimos paseando y yo compré algunas cosas, un **mate** de madera, una **bombilla** y un pequeño cuadro de una pareja bailando tango. Al lado del parque está el cementerio de Recoleta. Me impresionó mucho encontrar un cementerio en medio de uno de los barrios residenciales más lujosos de Buenos Aires. El cementerio es precioso, eso sí, lleno de **mausoleos** y de estatuas. Ya que estábamos allí, Martín me llevó a la tumba de **Eva Duarte de Perón**, que no es un mausoleo muy impresionante pero es una visita obligada para todos los turistas que van allí, que son muchos. Yo quise ver la tumba de **Carlos Gardel**, pero por desgracia él está en el cementerio de Chacarita, que está un poco más lejos del centro.

Yo quería comprar algunos libros y Martín me dijo que me llevaría al paraíso de las librerías: la calle Corrientes. Como estábamos un poco lejos, decidimos ir en taxi. El taxista iba escuchando la radio, aunque a veces se metía en nuestra conversación y hacía algún comentario o nos daba su opinión. De repente el taxista frenó de golpe y empezó a insultar al conductor de un colectivo. El conductor hizo un mal gesto y se alejó a toda velocidad.

– Perdón por las malas palabras. No me gusta insultar y menos delante de una dama –dijo suavemente el taxista.

– Está bien. Los **colectiveros** son **mala onda** en esta ciudad –le contestó Martín.

– No, pará, eso no es así.

pica: rivalidad.
tachero: taxista.
tacho: taxi.

- ¿No? ¿No hay **pica** entre el **tachero** y el colectivero?
- Yo no lo sé, yo estoy en el **tacho** pero no los puedo ver a los tacheros. Yo laburé muchos años en el colectivo.
- ¡Ah! ¿Y por qué lo dejaste?
- Me compré el taxi.
- Pero sí existe la pica entre taxistas y colectiveros.
- Siempre. Y va a existir toda la vida.

manejar: conducir.

- Y habiendo estado de los dos lados, ¿quién **maneja** mejor?
- El tema del manejo entre el colectivo y el taxi, son dos manejos completamente distintos. El riesgo es el mismo, porque el riesgo si lo analizás es el mismo.
- ¿El riesgo de qué?
- Del accidente, del choque.
- Pero el colectivero tiene un arma más mortal.
- No, depende cómo la maneje. ¿Por acá nomás?
- Sí, por acá nomás. Gracias.
- Que la pasen bien.
- Gracias, buen día.
- Chau.

Esa tarde anduvimos durante horas por la calle Corrientes, entrando en todas las librerías que permanecían abiertas a esas horas de la noche. Buenos Aires es una ciudad mágica, rebosante de cultura, con muchas cosas que mostrar al mundo, moderna, contemporánea, vanguardista. La calle Corrientes es la calle de las librerías y los teatros, en cada cuadra puedes mirar libros o ver los carteles de las obras que se representan. Compré muchos libros, para mí, para Martín e incluso para Marcelo. Nuestras manos se iban llenando de bolsas de las diferentes librerías hasta que llegó un momento en el que no podíamos comprar más. Tras una parada en el hotel para dejar todos los libros, Martín me propuso ir al teatro. Tenía una amiga actriz, Liliana, y actuaba en un pequeño teatro en Corrientes. Me pareció excepcional que tuviera una amiga actriz, pero después descubrí que en Buenos Aires eso es algo muy habitual. Es una ciudad llena de actores, escritores, músicos... Martín, por ejemplo, tenía un grupo de música. Claro que esa no era su única ocupación, todos tenían otros trabajos para sobrevivir. Liliana era actriz, pero también era contable y profesora de teatro para niños. Martín era músico, abogado y profesor de alfabetización de adultos. Tenían muchos trabajos, pero no cobraban por todos. "Hay laburos con los que ganás **plata** y otros que no te dan guita pero son **macanudos**."

plata: guita, dinero.

macanudo: muy bueno, estupendo.

Cuando llegamos al teatro descubrí que en Buenos Aires había dos tipos de teatros. Unos eran grandes, con actores profesionales que vivían de ese trabajo y llenos de gente con dinero, pues las entradas eran bastante caras. Pero había también otros pequeños teatros, en los que los actores no cobraban nada, las entradas eran baratas y las obras eran más arriesgadas, más innovadoras. "Es un teatro chiquito y los chicos son aficionados, pero igual lo hacen re bien." El local era un gran almacén abandonado, pintado de negro y con unas cortinas como telón. No había butacas, sino cojines en el suelo. El lugar tenía magia. La obra no me gustó mucho, era teatro del absurdo y no lo entendí muy bien, pero los chicos actuaron muy bien. Después de la obra estuvimos hablando con los actores, todos ellos amigos de Martín.

boliche: lugar para bailar donde se sirven bebidas alcohólicas.

cheto: pijo, que es caro y presume de ello.

la pasamos bien: uso habitual en muchos países de América Latina, válido también lo pasamos bien.

anécdotas: relato breve de un suceso.

gaseosas: bebidas no alcohólicas con gas.

cana: policía.

guita: dinero.

– Los chicos van a ir a un **boliche** a dos cuadras de acá, es un poco **cheto** pero **la pasamos bien** allá.
– Yo estoy un poco cansada, la verdad.
– ¡Dale! Todos están cansados.
– No sé, tengo que pensarlo.
– Querida, hay cosas que si las pensás no las hacés.

Fue muy divertido y la pasamos muy bien, como dijo Martín, pero llegué al hotel a las seis de la mañana. Martín me acompañó en el taxi y cuando estábamos en la puerta se despidió de mí con un beso. Estaba tan cansada que no podía dormirme. Recordé algunas **anécdotas** divertidas y me reí yo sola recordando una que me contó Martín: "Estábamos mi amigo Pablo y yo esperando al colectivo enfrente de uno de los bancos del microcentro. Teníamos mucho calor y estábamos bebiendo unas **gaseosas**. De repente, llegó la **cana** a toda velocidad y paró su auto a nuestro lado. Salieron cuatro canas con sus pistolas y mi amigo Pablo arrojó su gaseosa al suelo, levantó las manos y se puso de espaldas a la cana. "¿Qué hacés, boludo?" "Date vuelta. Rápido, date vuelta vos también". Pablo estaba muy nervioso, así que yo también me di vuelta. No sé dónde fue la cana, al banco, creo. Ya en el colectivo le pregunté qué pasaba y me dijo: "La cana confunde a la gente muchas veces, si te dispara por error es mejor por la espalda. Así tu familia podrá cobrar la plata porque ellos no pueden decir que es en defensa propia. ¿Entendés? Matarte te matan igual, pero tu familia la pasa mejor con la **guita**."

Capítulo 5

Lomas de Zamora es un municipio que está muy cerca de la capital, pero no se parece en nada. La zona en la que vivía Marcelo era bastante pobre, o al menos eso me parecía a mí. La carretera era muy mala, pero cuando Martín dejó la calle principal y empezó a callejear, fue peor. Algunas calles estaban sin asfaltar y llenas de barro, pero las calles asfaltadas estaban tan estropeadas que el auto tenía que ir sorteando los baches y agujeros del camino. Las casas estaban a medio construir y muy estropeadas. La casa de Marcelo no era mejor que las que había en el barrio. Cuando llegamos Martín tocó la **bocina** y un hombre muy mayor salió a la puerta.

bocina: claxon.

– Ése es mi abuelo, Marcelo. No se mueve de la puerta porque no anda muy bien y tampoco ve bien. Usa **anteojos** pero como es tan presumido no los saca de la funda.

anteojos: gafas.

– Mi abuela era igual.

– ¡Abuelo! Ya estamos acá –gritó Martín a su abuelo.

Nos bajamos del auto y nos acercamos a él.

viejo: palabra cariñosa para llamar a un padre, en este caso al abuelo.

– Che, ¡mirá! Se emocionó el **viejo**. ¿Por qué llorás?

Cuando llegamos Martín tocó la bocina y un hombre muy mayor salió a la puerta.

Marcelo me abrazó con fuerza y no paraba de llorar sobre mi hombro mientras susurraba "sos igual que ella, sos igual que ella". Finalmente Martín agarró a su abuelo y lo ayudó a entrar a la casa. "La **mina** es igual que ella, creeme" le decía a su nieto mientras entrábamos.

– Perdoname, sos igual que tu abuela. Recién te vi, la vi a ella con treinta años.

– Pero abuelo, si vos andás medio ciego.

– ¡Eso lo dicen ustedes! Que me quieren ver cieguito.

– Es verdad, cuando enseño una foto de mi abuela de joven, todo el mundo dice que nos parecemos –dije yo.

– Iguales, ustedes son iguales. Cuando uno es mayor todo el día anda pensando en su juventud, se extrañan esos tiempos, no sé por qué. ¿A vos también te gusta el tango?

– Sí, me gusta mucho, me recuerda a mi abuela.

– Tu abuela amaba el tango, pero no lo bailaba.

– Sí, cuando yo era pequeña ella me enseñaba.

– Bueno, lo bailaba así, en privado, para ella. ¿Te llevo el flaco a El Chino?

– No, la verdad.

– ¿Dónde oíste tango?

– En La Boca, una pareja estaba bailando allí.

– No, eso es para turistas.

– Ya te voy a llevar a El Chino, es el mejor lugar para oír cantar el tango, allí se vive el tango y todo lo que acompaña. Le hicieron una película y todo. Vas a ver, te va a encantar. ¡Martín! ¡Avísale a todos que ya llegaron! Están en el patio preparando las cosas para el asado.

– Pero, yo a vos te dije que de eso me ocupaba yo –dijo Martín.

– Sí, sí, andate.

Me presentó a su familia, a su hermana Lillan, sus sobrinos José María y Nando, la mujer de Nando, Luciana y los tres hijos de éstos. El mayor, Ernesto, era de mi edad, la segunda, Lorena, de la edad de Martín y la pequeña tenía siete años. "La **pendeja** fue una sorpresa, pero nos alegró la vida cuando llegó. Se llama Lillan, como mi hermana".

Salimos todos al patio y mientras bebíamos unas **Quilmes**, Martín preparaba el fuego ya que él iba a ser nuestro cocinero. Me llamó y me acerqué a él.

– Yo te voy a contar cómo se prepara el asado. Lo más importante es recordar que la carne se asa con las **brasas**, no con el fuego. Hay que esperar a que el fuego se apague y con las brasas comenzás a hacer la carne. Ponemos la carne sobre la **parrilla**, primero las **achuras**, los chorizos...

– ¿Qué son las achuras?

– Este... lo que no sirve de la carne, pero igual lo comemos, **chinchulines**, **riñones**, **mollejas**, **criadillas**...

– ¡Uf! Qué asco, ¿no?

– ¿En Madrid no lo comen?

– Sí, sí, pero yo no lo como.

pendeja: joven, niña pequeña.

Quilmes: nombre de una cerveza.

brasas: leña o madera encendidas.

parrilla: utensilio de hierro en forma de rejilla para poner al fuego la comida.

achuras: víscera comestible de un animal.

chinchulines, riñones, mollejas, criadillas: tripas, intestinos y otras vísceras de la vaca.

vacío, tira de asado, bife de chorizo: distintos cortes de la carne de vaca.

entraña: otro tipo de víscera.

matambre: tipo de carne.

morcillas: tripa de cerdo rellena de sangre cocida que se condimenta con especias.

papas: patatas.

– Ponemos también las costillas por el lado del hueso, el **vacío**, la **tira de asado**, el **bife de chorizo**...

– ¿El vacío?

– Bueno, después lo probás y juzgás vos.

– Más tarde vamos a poner la **entraña**, el **matambre** y las **morcillas**.

– ¿Y esto?

– Son las **papas**, a mí me gusta envolverlas en papel y ponerlas cerca de las brasas para que se hagan. Luego las comés, vas a ver qué buenas.

– ¿Y del asado quién se encarga normalmente?

– Los hombres preparan el asado y las mujeres las ensaladas. Hay un hombre que ese día es el asador, y hoy soy yo. Tenés suerte porque soy el mejor asador de la Argentina.

– Bueno, bueno... pero, ¿el asado es un poco machista, no?

– Nada que ver, es masculino, pero para servir a las mujeres. Este día ellas no trabajan.

– Pero hacen las ensaladas.

– ¿En serio? ¡No! ¡Eso no es trabajar! Juntan la lechuga, el tomate y la cebolla, y... ¿qué tiene?

– El trabajo duro está acá, en la parrilla. ¡Dale! Bebé un poquito más de Quilmes.

Nos sentamos a comer y Martín nos iba preguntando lo que queríamos comer y nos iba sirviendo. Él comía algo también, pero lo más importante para él era preparar la carne a nuestro gusto. Yo decía a todo que sí y comí un montón de carne. Era la mejor carne del mundo, estaba buenísima.

– Vivimos en diferentes partes de la ciudad, pero el asado nos junta los domingos. La pasamos bárbaro, hablamos, reímos, qué sé yo –dijo Marcelo.

– Eso si el asado sale bien, porque si el asador es malo...

– ¡Che, gallega! No me **retes**.

– Es un chiste, tranquilo.

– El asado siempre va a salir bien, jamás comí un asado malo, los hay mejores o peores, pero malos... jamás.

– ¡Che, pibe! –dijo Jose María– largá un poco y sentate a comer con nosotros.

– Alejandra, ¿querés chimichurri?

– Sí, gracias, ¿qué lleva exactamente esa salsa?

– Depende de los gustos, pero los ingredientes son aceite, vinagre, pimiento, tomate, cebolla, perejil, ajo, pimentón, ají, laurel, orégano y sal.

– ¿Cómo se prepara?

– Después te escribo la receta, pero es muy fácil.

Cuando estábamos terminando de comer, Marcelo pidió "¡Un aplauso para el asador!" y todos le aplaudimos mucho, el asado estaba buenísimo y me pareció una tradición muy bonita. El asado es una tradición muy familiar, pero también es muy popular hacer asados entre amigos. Es la forma que tienen los argentinos de pasar su tiempo con la gente a la que quieren, comiendo y disfrutando juntos.

panqueques: crepe
o tortita.

alfajor: dulce típico.

corralito: conjunto
de medidas econó-
micas que no permi-
tía a la gente dis-
poner de su dinero
ingresado en los ban-
cos.

Lillan hizo un postre especial para mí: **panque-ques** de dulce de leche. Nadie podía comer más, pe-ro todos hicimos un esfuerzo, sobre todo porque era algo excepcional, normalmente no comían panque-ques después de un asado. La pequeña Lillan prefirió comerse un **alfajor** y me ofreció otro a mí. Tampoco me negué, por lo que después de la comida no podía ni moverme.

Comí tanto que lo único que quería hacer era dor-mir, pero los demás no paraban de hablar, así que fue imposible. Me contaron la crisis económica y política que tuvieron en diciembre de 2001. Yo sabía algo del **corralito**, y de que la gente no podía sacar su dinero de los bancos. Mi abuela y yo escuchábamos esas noti-cias y veíamos las imágenes por televisión. Mi abuela nunca me habló de su país, no quería recordar nada. Lo único que yo sabía de Argentina era que bailaban tango. Pero con las noticias del corralito, la abuela em-pezó a recordar su tierra y su vida anterior. No hablaba mucho de ello, pero estábamos todo el día viendo las noticias. Yo creo que fue en esa época cuando empezó a pensar en las cartas, en la tumba de su hija y en su propia muerte.

Capítulo 6

Eran las seis de la tarde y nosotros seguíamos hablando. Yo estaba un poco nerviosa porque teníamos que hacer muchas cosas y no sabía si tendríamos tiempo. La abuela me pidió en su carta tres cosas que yo tenía que cumplir. Para entregar la carta a Marcelo y echar las cenizas en el río tenía tiempo, pero no sabía cuál era el cementerio en el que estaban mis padres y a qué hora cerraba. Marcelo me tranquilizó y me dijo que el lugar donde tenía que ir a llevar flores para mis padres no tenía horario. Ya más tranquila le di la carta que mi abuela le escribió antes de morir.

Marcelo agarró la carta con fuerza y la olió antes de abrirla. Sacó la carta del sobre, se puso los anteojos, intentó leerla, sonrió, volvió a guardarla, la besó y la metió en un cajón. Llamó a su hermana y salió con ella de la habitación. Los dos hermanos entraron en una habitación con la pequeña Lillan y cerraron la puerta. Desde el salón oíamos la cantarina voz de la niña, aunque no podíamos entender nada.

– Dicen que no están medio ciegos y llaman a la pendeja, que recién comienza a leer textos largos y difíciles. ¿Vos sabés qué dice la carta?

– No, no tengo ni idea.

– Va a ser un secreto, ¿no? Si no podemos saber qué es, es un secreto.

Salió Lillan con la pendeja y Marcelo nos llamó a Martín y a mí. Al entrar cerramos la puerta y Martín se sentó en una silla que estaba cerca de la ventana. Yo me quedé de pie.

– ¿Te gusta Buenos Aires?

– Me encanta, la verdad. Creo que es una ciudad preciosa y con una gran vida cultural. No me importaría quedarme a vivir aquí.

– Creo que tenés que pensarlo. Esta es tu tierra, tu casa, es momento de volver con los tuyos.

– Volver...

– ¿Vos sabés por qué te llamás Alejandra?

– No sé, les gustó a mis padres, supongo.

– No. ¡Che, vení acá! Voy a contarte un cuento.

– ¿De mi familia?

– ¡Claro!

– ¿Un secreto?

– Sentate acá, cerca de mí.

– Pero, ¿qué me vas a contar?

– ¡Dale! Vení y escuchá.

Ernesto Sabato: (pronunciado Sábato) es un escritor y ensayista argentino.

Y fue así como descubrí, después de más de treinta años, que mi abuela fue quien eligió mi nombre. Se enamoró de una novela que le regaló Marcelo, *Sobre héroes y tumbas*, de **Ernesto Sabato**.

– Tu madre te puso a vos ese nombre por la novela.

– Para complacer a la abuela, porque le gustaba ese libro.

– Sí, para complacer a su madre, pero también a su padre.

– ¿A mi abuelo?

– Sí, a tu abuelo.

– Pero ese libro se lo regalaste tú a mi abuela, ¿qué tiene que ver mi abuelo?

– ...

– No entiendo... ¿Estás diciendo que...?

– Dejá que te cuente, vas a ver como entendés todo. La primera vez que la vi, estaba parada en la calle, hablando con mi hermana. Yo la miraba como un boludo hasta que ellas me vieron y comenzaron a reír. Me enamoré de ella pero nada pude hacer. Recién mi hermana regresó a la casa me dijo que no estaba bien mirar así a una mujer casada. Me quería morir, era lo peor que me podía pasar. Pero la vida no me iba a tratar tan mal y tuve la suerte de que ella también se enamoró de mí. Fue un amor difícil, ella estaba casada pero no podían tener hijos, llevaban años intentándolo. Pero yo sí pude darle lo que no le daba su marido. Nació tu madre, y nuestro amor era cada vez más imposible. Yo le regalé el libro de Sabato, que ella leía una y otra vez. Ella me prestaba el libro, después yo se lo devolvía, ella me lo volvía a prestar... y en cada viaje de sus manos a las mías viajaba una carta entre sus páginas. Ese libro fue durante años el único testigo de nuestro amor.

– El protagonista de esa novela se llama Martín –dijo de repente Martín.

– ¡Qué casualidad!

– No es casualidad –dijo Marcelo.

– Pero entonces... ¿Martín y yo somos hermanos?

De repente comencé a entenderlo todo. Mis padres no murieron en un accidente de tráfico, mi madre estaba embarazada de Martín cuando se la llevaron y... Antes de que pudiera terminar de aclarar mis pensamientos Martín ya me estaba abrazando y Marcelo, mi abuelo, sonreía mientras se limpiaba las lágrimas que caían por sus mejillas.

– Tomá, es para vos.

Y agarré el libro con tanta fuerza que los dedos comenzaron a dolerme.

– Este es el libro.

– Sí, me lo dio antes de marcharse con vos a España, ahora vos sos la dueña.

– Creo que Martín también es el dueño. Tendremos que compartirlo.

Empezaba a ver mi vida de otra manera. Ya no estaba sola en el mundo, ahora tenía una familia. Mi pasado se aclaraba detrás de mí y el futuro comenzaba a iluminarse. Tenía un montón de cosas que hacer en Buenos Aires, esta ciudad me ofrecía la posibilidad de empezar una nueva vida: mi vida.

inaugurar: dar principio a una cosa con solemnidad.

Ya estaba anocheciendo cuando Marcelo, Martín y yo montamos en el auto y fuimos hasta Costanera Norte, en el centro de Capital Federal.

– Tenés suerte, el monumento recién lo **inauguraron**.
– Sí, eso creo. ¿Vosotros ya lo visteis?
– Sí, estuvimos allá un par de veces.
– ¿Impresiona?
– A vos te va a impresionar.

Llegamos al monumento, contemplamos durante un rato aquel inmenso listado de nombres y apellidos de desaparecidos. De nuevo alguien o algo ahogaba mi garganta y me impedía respirar. Martín me agarró fuertemente la mano, como un niño pequeño que tiene miedo de perderse. Éramos dos huérfanos buscando a sus padres. Lloré ante el nombre de mis padres. Martín también. Él lo había visto otras veces pero ninguna tuvo tanta fuerza como aquélla, junto a su hermana. Arrojamos un ramo de flores al río y Marcelo dejó volar las cenizas de la abuela. Se cumplían así todos los deseos de mi abuela, o al menos todos los que dejó escritos.

EXPLOTACIÓN DIDÁCTICA
EJERCICIOS PARA EL ALUMNO

Lecturas de Español es una colección de historias breves especialmente pensadas para los estudiantes de español como lengua extranjera. Los cuentos han sido escritos, teniendo en cuenta, básica pero no únicamente, una progresión gramático-funcional secuenciada en seis etapas, de las cuales las dos primeras corresponderían a un nivel inicial de aprendizaje, las dos segundas a un nivel intermedio, y las dos últimas al nivel superior. Como resultado de la mencionada secuenciación, el estudiante puede tener contacto con textos escritos "complejos" ya desde los primeros momentos del aprendizaje y puede hacer un seguimiento más puntual de sus progresos.

Las aportaciones didácticas de *Lecturas de Español* son fundamentalmente dos:

- notas léxicas y culturales al margen, que permiten al alumno acceder, de forma inmediata, a la información necesaria para una comprensión más exacta del texto,

- explotaciones didácticas amplias y variadas que no se limiten a un aprovechamiento meramente instrumental del texto, sino que vayan más allá de los clásicos ejercicios de "comprensión lectora", y que permitan ejercitar tanto otras destrezas como también cuestiones puntuales de gramática y léxico. El tipo de ejercicios que aparecen en las explotaciones permite asimismo llevar este material al aula ampliando, de esa manera, el número de materiales complementarios que el profesor puede incorporar a sus clases.

Con respecto a los autores, hemos querido contar con narradores capaces de elaborar historias atractivas, pero que además sean –condición casi indispensable– expertos profesores de E/LE, para que estén más sensibilizados con el tipo de problemas con que se enfrenta un estudiante de español como lengua extranjera.

Las narraciones, que no se inscriben dentro de un mismo "género literario", **nunca son adaptaciones** de obras, **sino originales** creados *ex profeso* para el fin que persiguen, y en ellas se ha intentado conjugar tanto amenidad como valor didáctico, todo ello teniendo siempre presente al lector, una persona joven o adulta con intereses variados.

PRIMERA PARTE
Comprensión lectora

1. Las siguientes oraciones están relacionadas con el texto, ¿son verdaderas o falsas?

	Verdadero	Falso
a) En los bosques de Palermo, Martín y Alejandra comieron un choripán.	❑	❑
b) La tumba de Carlos Gardel está en el cementerio de Recoleta.	❑	❑
c) Alejandra compró muchos libros en las librerías de la calle Corrientes.	❑	❑
d) Liliana, una amiga de Martín, es una gran actriz que actúa en los mayores teatros de Buenos Aires.	❑	❑
e) Lomas de Zamora es una de las principales calles de Buenos Aires.	❑	❑
f) Marcelo no ve muy bien, pero no usa los anteojos porque es muy presumido.	❑	❑
g) Martín no preparó el asado el domingo porque es una tarea de las mujeres.	❑	❑
h) El domingo, Lillan hizo un postre especial para Alejandra: panqueques.	❑	❑
i) El domingo, después del asado, todo el mundo durmió la siesta.	❑	❑
j) El nombre de Alejandra hace referencia a una novela de Borges.	❑	❑
k) Los padres de Alejandra murieron en un accidente de tráfico.	❑	❑
l) Según Marcelo, el mejor lugar para escuchar tango es "El Chino".	❑	❑

2. Elige la opción correcta:

1) ¿Cuántos días de permiso le da a Alejandra su jefe?
- ☐ a) Cinco.
- ☐ b) Tres.
- ☐ c) Siete.

2) ¿Cómo se llama el hotel donde se aloja Alejandra?
- ☐ a) Colón.
- ☐ b) Obelisco.
- ☐ c) Corrientes.

3) ¿Quién es fanático del River Plate?
- ☐ a) El Negro.
- ☐ b) Martín.
- ☐ c) Liliana.

4) ¿Cómo es el mejor mate según Martín?
- ☐ a) Suave y amargo.
- ☐ b) Fuerte y dulce.
- ☐ c) Fuerte y amargo.

5) ¿Qué estudios universitarios tiene Martín?
- ☐ a) Abogacía.
- ☐ b) Magisterio.
- ☐ c) Ninguno.

6) Según dicen, ¿dónde se inspiraba Borges para escribir?
- ☐ a) En Recoleta.
- ☐ b) En San Telmo.
- ☐ c) En los bosques de Palermo.

7) ¿Quién preparó el asado el domingo?
- ☐ a) Marcelo.
- ☐ b) Martín.
- ☐ c) Lillan.

8) ¿Quién leyó la carta a Marcelo?
- ☐ a) Alejandra.
- ☐ b) Martín.
- ☐ c) Lillan.

3. A continuación tienes una lista de temas, ¿cuáles han aparecido en la historia?

- ☐ a) Psicoanálisis
- ☐ b) Inmigración
- ☐ c) Delincuencia
- ☐ d) Piqueteros
- ☐ e) Deporte
- ☐ f) Baile
- ☐ g) Educación
- ☐ h) Desaparecidos

¿De los temas aparecidos hay alguno que te parezca específico de la Argentina, o particularmente relacionado con el país? ¿Cuáles? Justifica tu respuesta.

1. ....
....
....

2. ....
....
....

3. ....
....
....

SEGUNDA PARTE
Gramática y léxico

1. **Las siguientes palabras han aparecido en la historia, ¿podrías relacionarlas con su definición?**

   1. Arrabal   **A.** Lugar para bailar donde se sirven bebidas alcohólicas.
   2. Anécdota   **B.** Dar principio a una cosa con solemnidad.
   3. Urna   **C.** Golpear con el pie.
   4. Mausoleo   **D.** Barrio de las afueras de la ciudad.
   5. Boliche   **E.** Relato breve de un suceso.
   6. Hincha   **F.** Edificación que contiene una tumba.
   7. Inaugurar   **G.** Seguidor de un equipo deportivo.
   8. Patear   **H.** Caja que sirve para guardar las cenizas de los muertos.

2. **Lee las siguientes frases y observa las diferencias de significado de los verbos.**

   1. Eran las seis de la tarde y nosotros **seguíamos hablando**.
   2. **Seguiré** sus pasos.
   3. Nunca más **volvió a saber** de ellos.
   4. Por eso mi abuela se marchó a España y no **volvió** nunca más.

5. Yo te **voy a contar** cómo se prepara el asado.

6. Me ducho y nos **vamos.**

7. Ya **estaba anocheciendo** cuando Marcelo, Martín y yo montamos en el auto.

8. Yo **estoy** un poco cansada.

9. Tengo que pensarlo.

10. Tengo muchos amigos que emigraron.

11. Hacía tres meses de la muerte de mi abuela y todavía no podía **dejar de pensar** en ella.

12. Hicimos una parada en el hotel para **dejar** todos los libros.

Algunos verbos cambian de significado cuando se convierten en perífrasis verbales. Ayudándote de los ejemplos anteriores relaciona cada verbo y cada perífrasis con uno de estos significados.

1. Seguir + gerundio	**A.** Repetir lo que antes se ha hecho.
2. Seguir	**B.** Indica duración en el tiempo.
3. Volver a + infinitivo	**C.** Continuar lo empezado.
4. Volver	**D.** Disponerse a hacer algo.
5. Ir a + infinitivo	**E.** Interrumpir una acción.
6. Ir	**F.** Necesidad o determinación de hacer algo.
7. Estar + gerundio	**G.** Regresar.
8. Estar	**H.** Soltar o poner en un lugar.
9. Tener que + infinitivo	**I.** Poseer.
10. Tener	**J.** Hallarse en un determinado estado.
11. Dejar de + infinitivo	**K.** Ir detrás.
12. Dejar	**L.** Moverse de un lugar a otro.

3. A continuación tienes unas frases para completarlas con la perífrasis adecuada.

a) Tengo 30 años y .... (vivir) en casa de mis padres.

b) .... (comprar) unos libros de derecho si quiero aprobar los exámenes de junio.

c) .... (trabajar) en esa empresa porque no me llevaba bien con mi jefe.

d) Este año .... (empezar) a estudiar Medicina porque me parece una profesión muy bonita.

e) – He llamado a Luisa y no me contesta.

– .... (llamar), es muy urgente y necesitamos hablar con ella.

f) Como quiero irme a vivir a Berlín, ... (estudiar) alemán.

Ahora te toca a ti. Escribe seis frases con las perífrasis que hemos visto.

a) ....

b) ....

c) ....

d) ....

e) ....

f) ....

4. **Alejandra habla de *tú* y Martín habla de *vos*. El voseo es un rasgo peculiar de los argentinos y tiene algunas diferencias en la conjugación de los verbos en presente. De las siguientes frases, señala cuáles utilizan el *vos* y cuáles el *tú*.**

a) ¿Por qué **llorás**?

b) Sí, **tienes** razón, es mucho mejor en lunfardo.

c) Bueno, me lo **puedes** contar si quieres.

d) Alejandra, ¿**querés** chimichurri?

e) ¿Qué hotel **decís** que es?

f) Perdoname, **sos** igual que tu abuela.

Ahora pasa estas frases a *vos* o a *tú* según corresponda.

a) ....

b) ....

c) ....

d) ....

e) ....

f) ....

5. **El imperativo también se usa de otra manera, clasifica los siguientes verbos en _tú_ o _vos_, según corresponda.**

Ponete	Mira	Perdóname	Buscalo
Cuéntalo	Búscalo	Siéntate	Ponte
Prepárate	Vení	Vestite	Ven
Sentate	Perdoname	Mirá	Tomá
Toma	Vístete	Contalo	Preparate

Verbo	TÚ	VOS
Mirar		
Venir		
Contarlo		
Sentarse		
Ponerse		
Vestirse		
Tomar		
Prepararse		
Buscarlo		
Perdonarse		

6. **El pretérito pluscuamperfecto es un tiempo verbal que utilizamos cuando hacemos referencia a un hecho del pasado contado desde el pasado. Observa el siguiente texto sacado de nuestra historia.**

*"**Era** jueves y mi avión de vuelta a España **salía** el lunes, así que **podía** disfrutar de esa ciudad durante cuatro días. Lo primero que hice fue llamar a Marcelo Pierini. Desde Madrid lo **había localizado** y me **había puesto** en contacto con él. Él ya **sabía** que yo llegaba hoy a Buenos Aires y él también **quería** verme".*

En este texto hemos señalado en negrita los verbos en pretérito imperfecto, que hacen una descripción de un acontecimiento del pasado, y hemos subrayado los verbos en pretérito pluscuamperfecto, que remiten a una situación anterior al hecho que se está narrando en pasado.

A continuación tienes un texto y has de completarlo con el tiempo verbal correspondiente.

"Estudié danza contemporánea en una academia de Madrid. .... (ser) lo que .... (querer) hacer desde que .... (ser) una niña. Fui a la academia y me matriculé. .... (llamar) anteriormente y me .... (confirmar) que .... (haber) plazas y .... (poder) matricularme ese mismo día. Desde ese día no he dejado de bailar ni un solo instante".

7. Relaciona las siguientes palabras con su antónimo.

1. Linda	**A.** Grande
2. Pérfida	**B.** Vulgar
3. Chica	**C.** Ponderada
4. Pica	**D.** Lista
5. Macanuda	**E.** Fea
6. Cheta	**F.** Fiel
7. Fanática	**G.** Mala
8. Pelotuda	**H.** Concordia

TERCERA PARTE
Expresión escrita

1. La abuela de Alejandra le escribe una carta, ¿la recuerdas?

Madrid, 30 de noviembre de 2008

Querida Alejandra:

Sé que estás triste y sola, muy sola. La vida fue difícil para vos, para mí también. Seguro que todo va a ser mejor en el futuro, confiá, nenita, confiá. Todo lo que hice toda mi vida fue por vos, para salvarte, para cuidarte. Ahora te voy a pedir algo a vos. Tenés que viajar a Buenos Aires, allá ponete en contacto con Marcelo Pierini. Él va a saber quien sos, yo no hablo de seguido con él, pero estoy segura que vive en la misma casa de siempre. Buscalo. A él le vas a dar la carta que encontraste con su nombre y con él vas a ir a la tumba de tus padres para poner unas flores en mi nombre y soltar mis cenizas en mi querido Río de la Plata.

Nenita, esa ciudad es desconocida para vos, pero yo sé que la vas a amar tanto como yo. Encontrate con tu pasado. Yo voy a estar con vos.

Te quiero más que a nada.

Norma

P. D. ¡Qué boluda! Recién cerré el sobre recordé que no escribí la dirección de Marcelo. Perdoná a la desmemoriada de tu abuelita.

Dirección de Marcelo: calle Chivicoy número 266. Lomas de Zamora. Buenos Aires. Argentina

Ahora vas a ser tú quien escriba una carta a un amigo que vive en otro país.

2. **Recuerda la siguiente conversación que tuvieron Lillan y Alejandra:**

"– Alejandra, ¿querés chimichurri?
– Sí, gracias, ¿qué lleva exactamente esa salsa?
– Depende de los gustos, pero los ingredientes son aceite, vinagre, pimiento, tomate, cebolla, perejil, ajo, pimentón, ají, laurel, orégano y sal.
– ¿Cómo se prepara?
– Después te escribo la receta, pero es muy fácil."

Aquí tienes la receta que escribió Lillan.

CHIMICHURRI

Ingredientes:

– Un vaso de aceite.
– Un vaso de agua.
– Un vaso de vinagre.
– Un pimiento.
– Un tomate.
– Una cebolla.
– Un poco de sal.

– Una cucharada de perejil picado.
– Una cucharadita de pimentón dulce o picante.
– Una cucharadita de ají molido dulce o picante.
– Una cucharadita de orégano.
– Dos dientes de ajo.
– Dos hojas de laurel.

Preparación:
Se pican el pimiento, la cebolla y los tomates. Se mezclan con el resto de los ingredientes. Se dejan macerar dos horas.

Ahora te toca a ti escribir una receta de un plato típico de la cocina de tu país.

3. **Cuando Alejandra llega al barrio de Marcelo lo describe así:**

    "La zona en la que vivía Marcelo era bastante pobre, o al menos eso me parecía a mí. La carretera era muy mala, pero cuando Martín dejó la calle principal y empezó a callejear, fue peor. Algunas calles estaban sin asfaltar y llenas de barro, pero las calles asfaltadas estaban tan estropeadas que el auto tenía que ir sorteando los baches y agujeros del camino. Las casas estaban a medio construir y muy estropeadas. La casa de Marcelo no era mejor que las que había en el barrio"

    Y tu barrio, ¿cómo es? ¿Puedes describirlo?

4. **Martín le cuenta a Alejandra una anécdota de su vida, vamos a recordarla.**

    *"**Estábamos** mi amigo Pablo y yo esperando al colectivo enfrente de uno de los bancos del microcentro. **Teníamos** mucho calor y **estábamos** bebiendo unas gaseosas. De repente, **llegó** la cana a toda velocidad y **paró** su auto a nuestro lado. **Salieron** cuatro canas con sus pistolas y mi amigo Pablo **arrojó** su gaseosa al suelo, **levantó** las manos y **se puso** de espaldas a la cana. «¿Qué hacés, boludo?» «Date vuelta. Rápido, date vuelta vos también». Pablo **estaba** muy nervioso, así que yo también me **di** vuelta. No sé dónde **fue** la cana, al banco, creo. Ya en el colectivo le **pregunté** qué **pasaba** y me **dijo**: «La cana confunde a la gente muchas veces, si te dispara por error es mejor por la espalda. Así tu familia podrá cobrar la plata porque ellos no pueden decir que es en defensa propia. ¿Entendés? Matarte te matan igual, pero tu familia la pasa mejor con la guita»."*

    Como ya sabes, cuando contamos una anécdota del pasado utilizamos un tiempo verbal para describir la situación y otro para narrar la acción.

    Y tú, ¿recuerdas alguna anécdota graciosa? Escríbela.

CUARTA PARTE*Expresión oral*

1. **Alejandra tiene que hacer un viaje de cinco días a Buenos Aires y no ha organizado su visita a la ciudad, sino que ha sido Martín quien ha decidido lo que ver y lo que hacer en esos días. Cuando tú vas de viaje, ¿quién suele organizarlo?, ¿qué es lo más importante para ti? Coméntalo con tus compañeros.**

2. **Alejandra ha comido muchos platos típicos de Argentina como las empanadas, los panqueques, las facturas... ¿Conoces platos típicos de otros países?, ¿cómo son?, ¿qué llevan? Coméntalo con tus compañeros.**

3. **Martín le comenta a Alejandra las diferencias entre la inmigración que llegó a Argentina desde Europa y la que llega a Europa desde Argentina:**

   "Acá realmente la gente venía a cumplir un sueño, a encontrar un mundo mejor. Esta tierra dio la oportunidad a los europeos de empezar de nuevo, les daba laburo, casa, posibilidades de evolucionar. Este país era rico y salvó a los europeos. Luego de cincuenta años sus hijos no tienen nada, se cagan de hambre y cuando quieren volver a Europa, les cierran las puertas. Europa no nos quiere ayudar, ni siquiera a los descendientes".

   ¿Qué opinas de este tema que comenta Martín? ¿Son comparables las dos situaciones? Coméntalo con tu compañero.

4. **Alejandra escucha los tangos en un MP3 y nos cuenta cómo los escuchaba antes:**

   "Cuando era pequeña oíamos tangos en un viejo tocadiscos, con ese sonido de fondo tan característico. A mí me gustaba contemplar el avance de la aguja sobre el disco y darle la vuelta cuando llegaba a su fin. Cuando fui adolescente le grabé todos esos discos en cintas de casete para que pudiera oír sus canciones favoritas en el radiocasete de la cocina. Con mi primer sueldo le regalé un reproductor de CD, pero eso ya no le gustó".

   El mundo está cambiando muy deprisa, pero no solo en la música sino también en muchos otros ámbitos. Comenta con tus compañeros los cambios más importantes para ti en estos últimos años.

5. En los últimos años también han cambiado los modelos de familia, Alejandra vivía con su abuela, Martín con su abuelo... ¿Hay nuevos modelos de familia en tu país? ¿Cómo son? Coméntalo con tus compañeros.

6. Esta historia nos cuenta la importancia de la memoria histórica como única vía para que una sociedad no vuelva a cometer errores. Pero no todo el mundo está a favor de esto, algunos piensan que es mejor olvidar, perdonar y seguir adelante y otros que no hay que perdonar nunca. ¿Cuál es tu opinión sobre este tema? Coméntalo con tus compañeros.

SOLUCIONES

Antes de empezar a leer

1. Pedro Almodóvar; Carlos Gardel.

2. b; c; f.

3. 1c; 2a; 3c; 4b; 5a; 6b; 7c; 8c; 9a; 10a; 11b; 12b; 13b; 14a; 15b; 16:

1. Colombia

2. Venezuela

3. Guyana

4. Surinam

5. Guayana francesa

6. Brasil

7. Paraguay

8. Uruguay

9. Argentina

10. Chile

11. Bolivia

12. Perú

13. Ecuador

4. a8; b5; c4; d7; e1; f2; g9; h6; i3.

Párate un momento

1. a. F; b. V; c. F; d. F; e. F; f. V; g. F; h. V; i. V; j. F; k. V; l. V.

2. 1. D; 2. E; 3. F; 4. B; 5. A; 6. C.

3. A. 3; B. 5; C. 4; D. 2; E. 6; F. 1.

4. 1. D. g; 2. C. h; 3. A. f; 4. H. c; 5. F. b/d; 6. B. e; 7. E. a; 8. G. b/d.

5. a. 7; b. 6; c. 8; d. 4; e. 2; f. 5; g. 1; h. 3.

6. 1. G; 2. D; 3. F; 4. H; 5. A; 6. J; 7. E; 8. I; 9. B; 10. C.

EXPLOTACIÓN DIDÁCTICA
Comprensión lectora

1. a. V; b. F; c. V; d. F; e. F; f. V; g. F; h. V; i. F; j. F; k. F; l. V.
2. 1b; 2a; 3b; 4c; 5a; 6c; 7b; 8c.
3. b; e; f; h.

Gramática y léxico

1. 1D; 2E; 3H; 4F; 5A; 6G; 7B; 8C.
2. 1C; 2K; 3A; 4G; 5D; 6L; 7B; 8J; 9F; 10I; 11E; 12H.
3. a) sigo viviendo; b) Tengo que comprar; c) Dejé de trabajar; d) voy a empezar; e) Vuelve a llamar; f) estoy estudiando.
4. a, d, e, f: vos; b, c: tú.
   a) lloras; b) tenés; c) podés; d) quieres; e) dices; f) eres.
5.

Verbo	TÚ	VOS
Mirar	*Mira*	*Mirá*
Venir	*Ven*	*Vení*
Contarlo	*Cuéntalo*	*Contalo*
Sentarse	*Siéntate*	*Sentate*
Ponerse	*Ponte*	*Ponete*
Vestirse	*Vístete*	*Vestite*
Tomar	*Toma*	*Tomá*
Prepararse	*Prepárate*	*Preparate*
Buscarlo	*Búscalo*	*Buscalo*
Perdonarse	*Perdóname*	*Perdoname*

6. Era; quería; era; Había llamado; habían confirmado; había; podía.
7. 1E; 2F; 3A; 4H; 5G; 6B; 7C; 8D.

LECTURAS GRADUADAS

E-I Amnesia
José L. Ocasar Ariza
ISBN: 978-84-89756-72-4

E-I La peña
José Carlos Ortega Moreno
ISBN: 978-84-95986-05-4

E-I Historia de una distancia
Pablo Daniel González-Cremona
ISBN: 978-84-89756-38-0

E-I Carnaval
Ramón Fernández Numen
ISBN: 978-84-95986-91-7

E-I Paisaje de otoño
Ana M.ª Carretero Giménez
ISBN: 978-84-89756-74-8

E-II El ascensor
Ana Isabel Blanco Picado
ISBN: 978-84-89756-24-3

E-II Manuela
Eva García y Flavia Puppo
ISBN: 978-84-95986-64-1

E-II El paraguas blanco
Pilar Díaz Ballesteros
ISBN: 978-84-9848-126-6

E-II El secreto de Diana
Luisa Rodríguez Sordo
ISBN: 978-84-9848-128-0

I-I Muerte entre muñecos
Julio Ruiz Melero
ISBN: 978-84-89756-70-0

I-I Azahar
Jorge Gironés Morcillo
ISBN: 978-84-89756-39-7

I-II Memorias de septiembre
Susana Grande Aguado
ISBN: 978-84-89756-73-1

I-II La biblioteca
Isabel Marijuán Adrián
ISBN: 978-84-89756-23-6

I-II Llegó tarde a la cita
Víctor Benítez Canfranc
ISBN: 978-84-95986-07-8

I-II Destino Bogotá
Jan Peter Nauta
ISBN: 978-84-95986-89-4

I-II En agosto del 77 nacías tú
Pedro García García
ISBN: 978-84-95986-65-8

I-II Las aventuras de Tron
Francisco Casquero Pérez
ISBN: 978-84-95986-87-0

S-I Los labios de Bárbara
David Carrión Sánchez
ISBN: 978-84-85789-91-7

S-I La cucaracha
Raquel Romero Guillemas
ISBN: 978-84-89756-40-3

S-I A los muertos no les gusta la fotografía
Manuel Rebollar Barro
ISBN: 978-84-95986-88-7

S-I El encuentro
Iñaki Tarrés Chamorro
ISBN: 978-84-89756-25-0

S-II Una música tan triste
José L. Ocasar Ariza
ISBN: 978-84-89756-88-5

S-II La última novela
Abel A. Murcia Soriano
ISBN: 978-84-95986-66-5

HISTORIAS DE HISPANOAMÉRICA

E-I Presente perpetuo
Gerardo Beltrán
ISBN: 978-84-9848-035-1

E-II Regreso a las raíces
Luz Janeth Ospina
ISBN: 978-84-95986-93-1

E-II Con amor y con palabras
Pedro Rodríguez Valladares
ISBN: 978-84-95986-95-5

I-I El cuento de mi vida
Beatriz Blanco
ISBN: 978-84-9848-124-2

I-I Volver
Raquel Horche Lahera
ISBN: 978-84-9848-125-9

I-I El camino de la vida
Germán Santos Cordero
ISBN: 978-84-9848-096-2

HISTORIAS PARA LEER Y ESCUCHAR (INCLUYE CD)

E-I Carnaval
Ramón Fernández Numen
ISBN: 978-84-95986-92-4

E-I Presente perpetuo
Gerardo Beltrán
ISBN: 978-84-9848-036-8

E-II Manuela
Eva García y Flavia Puppo
ISBN: 978-84-95986-58-0

E-II El paraguas blanco
Pilar Díaz Ballesteros
ISBN: 978-84-9848-127-3

E-II Con amor y con palabras
Pedro Rodríguez Valladares
ISBN: 978-84-95986-96-2

E-II Regreso a las raíces
Luz Janeth Ospina
ISBN: 978-84-95986-94-8

I-I Volver
Raquel Horche Lahera
ISBN: 978-84-9848-140-2

I-II En agosto del 77 nacías
Pedro García García
ISBN: 978-84-95986-59-7

S-II La última novela
Abel A. Murcia Soriano
ISBN: 978-84-95986-60-3

S-I A los muertos no les gusta la fotografía
Manuel Rebollar
ISBN: 978-84-95986-90-0

Niveles:

E-I ➜ Elemental I   E-II ➜ Elemental II   I-I ➜ Intermedio I   I-II ➜ Intermedio II   S-I ➜ Superior I   S-II ➜ Superior